BIS BALD 1

回见

练习册 Übungsbuch

编者

王静　赵静　万宁

Autorenteam

Jing Wang　Jing Zhao　Ning Wan

Sonata BOOK

Der Verlag achtet bei seinen Büchern und Magazinen auf nachhaltiges Produzieren. SONATA Book Bücher sind umweltfreundlich produziert und orientieren sich in Materialien, Herstellungsorten, Arbeitsbedinungen und Produktionsformen an den Bedürfnissen von Gesellschaft und Umwelt.

Der Verlag und seine Autoren sind für Hinweise oder Meinungen dankbar. Bitte wenden Sie sich diesbezüglich an office@sonatabook.at.

Soldanellenweg 55/13/2 · A-1220 Wien
E-Mail: office@sonatabook.at

www.sonatabook.at

Spezialist für Literatur aus China

Umschlaggestaltung, Layout und Satz: Chen Wang

Printed in the European Union

ISBN: 978-3-9505310-1-5

2. Auflage 2026

目录

INHALTSVERZEICHNIS

MP3-Dateien für Hörübungen in diesem Buch könnenn Sie per Einscannen dieser QR-Code runterladen

本书听力练习的MP3音频文件请扫码下载

你好！ Guten Tag! 1

写字练习 [xiězì liànxí] Schreibübung

nǐ

丿 亻 亻' 亻⺈ 伫 你 你 7画

你 你 你 你

du

亻: auf Mensch bezogen

hǎo

㇛ 𡿨 女 女' 好 好 6画

好 好 好 好

gut

你好 女: auf Frauen bezogen

wǒ

丿 二 千 手 手 我 我 7画

我 我 我 我

ich

戈: antike Waffe

jiào

丨 冂 口 口𠄌 叫 5画

叫 叫 叫 叫

heißen

我叫 口: auf Mund bezogen

1 你好！ Guten Tag!

shì 是 9画
丨 口 日 日 旦 早 早 昰 是
sein
我是 日：auf Sonne, Zeit bezogen

men 们 5画
丿 亻 亻 们 们
Pluralsuffix
我们；你们 亻

nín 您 11画
丿 亻 亻 亻 你 你 你 您 您 您 您
Sie
您好 (guten Tag) 心：auf Herz bezogen

shì 士 3画
一 十 士
Person
女士 （Dame, Frau）

xiān 先 6画
丿 𠂉 十 生 失 先
erst， vorher
早先 （früher）

shēng 生 5画
丿 𠂉 二 牛 生
gebären， leben
先生 （Herr）， 再生 （regenerieren）

hěn 丿 彳 彳 彳 彳 彳 很 很 很 9画

很 很 很 很

sehr

很好，很老，很早 彳：auf Bewegung bezogen

lǎo 一 十 土 耂 老 老 6画

老 老 老 老

alt，erfahren

shī 丨 刂 刂 师 师 师 6画

师 师 师 师

Lehrer/Lehrerin

老师（Lehrer/Lehrerin）

zài 一 厂 冂 冉 冉 再 6画

再 再 再 再

wieder

jiàn 丨 冂 贝 见 4画

见 见 见 见

sehen

再见（auf Wiedersehen）

zǎo 丨 冂 日 日 旦 早 6画

早 早 早 早

früh，Morgen

你早（guten Morgen）

shàng 丨 ⺊ 上 3画

上

oben, über 早上 (Morgen)

nǚ 𡿨 女 女 3画

女

weiblich, Frau

gāo 10画

高

hoch, groß 很高， 高老师

xìng 6画

兴

Lust, Interesse 高兴

rèn 4画

认

erkennen 认生 (schüchtern) 讠： auf Sprache bezogen

shí 7画

识

kennen 认识 讠

一. 听力练习 [tīnglì liànxí] Hörübungen

1. 听录音，跟读 [tīng lùyīn, gēndú] – Hören und nachsprechen

王芳：你好，我叫王芳。
李维：你好，我叫李维。
王芳：很高兴认识你。

2. 听录音，标出下面词的音调 [tīng lùyīn, biāochū xiàmiàn cí de yīndiào] – Hören und die Tonzeichen ergänzen

ni hao　　wo jiao　　gaoxing　　renshi

二. 连一连 [lián yi lián] Was passt zusammen?

你	wǒmen	heißen
我们	shì	du
叫	nǐ	wir
是	lǎoshī	Sie
老师	jiào	sein
再见	nín	Lehrer/Lehrerin
您	zàijiàn	auf wiedersehen

三. 数笔画 [shǔ bǐhuà] Aus wie vielen Strichen bestehen diese Zeichen?

好：________　叫：________　您：________　识：________

再：________　高：________　老：________　认：________

四. 写拼音 [xiě pīnyīn] Wie lautet die Pinyin-Umschrift?

很：__hěn__　是：________　师：________　识：________

我：________　女：________　你：________　您：________

五. 完成下列对话 [wánchéng xiàliè duìhuà] Dialoge vervollständigen

1. Anna：你好，我叫Anna。
   王芳：你好，我________王芳。
   Anna：再见。
   王芳：__________。

2. Lisa：早上好，Anna。
   Anna：__________，Lisa。

3. 丽丽：__________，安娜。
   安娜：晚上好，丽丽（Lìli）。

4. 王芳：你好！__________王芳。
   李维：__________，我是李维。

5. 石大海：马女士，您好！
   __________石大海。
   马 兰：__________，您好，
   很高兴__________您。

6. 老 师：你们好！
   石大海，马兰：老师________！

你多大？ Wie alt bist du? 2

写字练习 [xiězì liànxí] Schreibübung

yī
一
1画

一 一 一 一

eins

一早 yìzǎo (frühmorgens)

èr
一 二
2画

二 二 二 二

zwei

sān
一 二 三
3画

三 三 三 三

drei

sì
丨 冂 冂 四 四
5画

四 四 四 四

vier

wǔ
一 丆 万 五 4画
五
fünf

liù
丶 亠 六 六 4画
六
sechs

qī
一 七 2画
七
sieben

bā
丿 八 2画
八
acht

jiǔ
丿 九 2画
九
neun

shí
一 十 2画
十
zehn

duō ㇒ ㇇ 夕 夕 多 多 6画

多 多 多 多

wie; viel(e) 多高？多早？多好；好多（sehr viel）；很多 夕

dà 一 ナ 大 3画

大 大 大 大

groß 多大、很大、老大（d. Älteste）

shén ㇒ 亻 仁 什 4画

什 什 什 什

was

me ㇒ ㄥ 么 3画

么 么 么 么

Fragepartikel 什么；多么（wie） 丿

míng ㇒ ㇇ 夕 夕 名 名 6画

名 名 名 名

Name 夕，口

zì 丶 丶 宀 字 字 字 6画

字 字 字 字

Schriftzeichen 名字，生字，认字 宀

suì — 岁 — 6画

Alter, Jahr — 十岁、年岁 — 山: auf Berg bezogen、夕

jīn — 今 — 4画

jetzig — 今早、今生 — 人

nián — 年 — 6画

Jahr — 今年、多年；老年、早年 — 丿

tā — 他 — 5画

(Personalpronomen) er, ihn, ihm — 他们，他是 — 亻

bǎi — 百 — 6画

hundert

tā — 她 — 6画

(Personalpronomen) sie, ihr — 她们、她叫、她是 — 女

一. 听力练习 [tīnglì liànxí] Hörübungen

1. 听录音，标出下面词的音调,并跟读 [tīng lùyīn, biāochū xiàmiàn cí de yīndiào，bìng gēndú] – Hören und die Tonzeichen ergänzen

mingzi duo da Xiaolong shiliu sui

2. 听录音，填空 [tīng lùyīn, tiánkòng] – Hören und die Sätze vervollständigen

他叫________名字？他________小龙。

他多________？他________岁。

二. 连一连 [lián yi lián] Was passt zusammen?

多大	shénme	dieses Jahr, heuer
什么	jīnnián	er, ihn
他	duō dà	wie alt
今年	suì	was
名字	tā	hundert
百	bǎi	Jahre (alt)
岁	míngzi	Name

三. 数笔画 [shǔ bǐhuà] Aus wie vielen Strichen bestehen diese Zeichen?

四：________ 百：________ 年：________ 岁：________

百：________ 她：________ 么：________ 五：________

四. 写拼音 [xiě pīnyīn] Wie lautet die Pinyin-Umschrift?

今：________ 年：________ 她：________ 岁：________

名：________ 字：________ 大：________ 么：________

五. 拆字注音 [chāizì zhùyīn] Zeichen zerlegen, Lautschrift angeben

认 [rèn] < 讠 / 人

Zeichen mit links-rechts-Struktur

好 [ ] < ___ / ___　　他 [ ] < ___ / ___

很 [ ] < ___ / ___　　她 [ ] < ___ / ___

Zeichen mit oben-unten-Struktur

岁 [ ] < ___ / ___　　多 [ ] < ___ / ___

字 [ ] < ___ / ___　　早 [ ] < ___ / ___

六. 读一读 [dú yi dú] ：绕口令 [ràokǒulìng] Lesen: Zungenbrecher

四是四，　十是十，　十四是十四，　四十是四十。

Sì shì sì　shí shì shí　shísì shì shísì　sìshí shì sìshí

4 ist 4　10 ist 10　14 ist 14　40 ist 40

四十减十四，　再乘四十四，　是一千一百四十四，　不信你试试。

Sìshí jiǎn shísì, zài chéng sìshísì, shì yìqiān yìbǎi sìshísì, bú xìn nǐ shìshi

40 minus 14　dann mal 44　beträgt　1144　nicht glauben du versuchen

七. 完成下列对话 [wánchéng xiàliè duìhuà] Dialoge vervollständigen

1. A: 早上好，你叫什么名字？
   B: 你好，我叫________。

2. A: 王女士，您好！
   B: 李先生，________！

3. A: 你叫什么名字？
   B: 我叫________。你多大？
   A: 我________岁。你多大？
   B: 我________岁。再见。
   A: 再见。

4. A: 你叫________名字？
   B: 我________李维。
   A: ____________？
   B: 他十四岁。

5. A: 你好，我叫马兰 (Mǎ Lán)。
   B:________，我________石大海(Shí Dàhǎi)。
   A: 马兰，你多大？
   B: 我________岁。__________？
   A: 我二十五岁。再见！
   B: __________。

八. 数独 [shùdú] Sudoko（一二三四五六七八九）

	五	一	六	三	四	二	九	
六	九			五			一	四
四			二	九	一	五		六
二		五		一		七		九
一	六	九	三		二	八	四	五
三		七		八		六		一
七		八	九	四	五		六	三
五	一			六				二
	三	六	一	二	七	四	五	

3 他是谁？ Wer ist er?

写字练习 [xiězì liànxí] Schreibübung

shéi	丶 讠 讠' 讠' 讠' 讠 讠 讠 谁 谁	10画
谁	谁 谁 谁	
wer	谁是，是谁	讠

de	′ 亻 白 白 白 白′ 的 的	8画
的	的 的 的	
Attributartikel	我的（mein）、你的、老师的	白

dé	′ 彡 彳 彳 彳 彳 彳 彳 彳 彳 彳 德 德 德 德	15画
德	德 德 德	
Tugend, Moral	德: Tugend, Moral	彳

guó	丨 冂 冂 冂 冂 国 国 国	8画
国	国 国 国	
Staat, Land	大国，国名，德国	囗 auf Grenze bezogen

péng	丿 几 月 月 月 朋 朋 朋	8画
朋	朋 朋 朋	
Freund/Freundin		月 auf Körper bezogen

yǒu 一 𠂇 方 友 4画

友 友 友 友

freundschaftlich, Freund 朋友、友好 (freundschaft) 又 auf Hand bezogen

tóng 丨 冂 冂 冋 同 同 6画

同 同 同 同

gemeinsam, und 口

xué 丶 丷 丷 ⺍ 𭕄 学 学 学 8画

学 学 学 学

lernen 同学、学年 (Schuljahr)、学生、大学 子: auf Kind bezogen

hàn 丶 丶 氵 汉 汉 5画

汉 汉 汉 汉

chinesisch; Mann, Kerl 汉学, 汉字; 大汉, 老汉 氵 auf Wasser oder Fluss bezogen

yǔ 丶 讠 讠 讠 讠 讠 语 语 语 9画

语 语 语 语

Sprache, Schrift 汉语, 德语 讠

ma 丨 口 口 口 吗 吗 6画

吗 吗 吗 吗

Fragepartikel 好吗? 是吗? 口

xǐ	一 十 士 吉 吉 吉 吉 吉 吉 吉 喜 喜	12画
喜	喜 喜 喜	

Glück, Freude 口

huān	7 ヌ 又 欢 欢 欢	6画
欢	欢 欢 欢	

froh, fröhlich 喜欢（mögen）、欢喜（froh） 又

xiě	丶 冖 冖 写 写	5画
写	写 写 写	

schreiben 写字 冖

bù	一 丆 不 不	4画
不	不 不 不	

nein 不是，不好，不学 一

yīng	一 十 艹 艹 节 苎 英 英	8画
英	英 英 英	

britisch 英语、英国、英雄（Held） 艹: auf Pflanzen bezogen

ne	丨 口 口 口 口 叩 呢 呢	8画
呢	呢 呢 呢	

Fragepartikel 你呢？我呢？ 口

yě　㇆ 也 也　3画

也

auch　也是、也好、也学

zhōng　丨 ㇆ 口 中　4画

中

mittel, Zentrum　中学、中年、中国

rén　丿 人　2画

人

Mensch, Person　女人、大人、国人

ào　12画

奥

tiefgründig, mysteriös　大

dì　一 十 土 坎 地 地　6画

地

Erde, Boden　地上、地下　土：auf Erde, Boden bezogen

lì　丿 二 千 禾 禾 利 利　7画

利

Nutzen, Vorteil, Gewinn; günstig, scharf,　有利　刂：auf Messer bezogen

3 他是谁？ Wer ist er?

一. 听力练习 [tīnglì liànxí] Hörübungen

1. 听录音，标出下面词的音调 [tīng lùyīn, biāochū xiàmiàn cí de yīndiào] – Hören und die Tonzeichen ergänzen

pengyou Dawei Aodili Hanyu

2. 听录音，跟读 [tīng lùyīn, gēndú] – Hören und nachsprechen

大卫是我的朋友，他是奥地利人，他学汉语。

3. 听录音，填空 [tīng lùyīn, tiánkòng] – Hören und die Sätze vervollständigen

大卫是我的__________。他是__________人。他学__________。

二. 连一连 [lián yi lián] Was passt zusammen?

谁	Déguó	Deutschland
德国	péngyou	Schüler/ Schülerin
朋友	shuí	wer
学生	wǒ de	meine
汉语	lǎoshī	Freund/ Freundin
我的	xuésheng	Lehrer/ Lehrerin
老师	Hànyǔ	Chinesisch

三. 数笔画 [shǔ bǐhuà] Aus wie vielen Strichen bestehen diese Zeichen?

谁：________ 的：________ 国：________ 友：________

朋：________ 汉：________ 不：________ 也：________

四. 写拼音 [xiě pīnyīn] Wie lautet die Pinyin-Umschrift?

的：________ 德：________ 学：________ 汉：________

也：________ 谁：________ 什：________ 生：________

五. 拆字注音 [chāizì zhùyīn] Zeichen zerlegen, Lautschrift angeben

欢 [huān] < 又____ / 欠____

朋 [ ] < ____ / ____ 国 [ ] < ____ / ____

语 [ ] < ____ / ____ 谁 [ ] < ____ / ____

吗 [ ] < ____ / ____ 呢 [ ] < ____ / ____

六. 选词填空 [xuǎn cí tiánkòng] Passende Wörter einsetzen

什么 谁

1. 大卫学________？ 2. 他是________的朋友？

3. 你叫________名字？ 4. ________是老师？

七. 完成下列对话 [wánchéng xiàliè duìhuà] Dialoge vervollständigen

李维：你好，王芳。

王芳：你好，李维。他是谁？

李维：他是__________。

王芳：他是老师吗？

李维：不，__________。他是__________。

王芳：他学汉语吗？

李维：不，他__________，他__________。

今天几号？ Der wievielte ist heute? 4

写字练习 [xiězì liànxí] Schreibübung

tiān 一 二 于 天 4画

天 天 天 天

Tag 大

jǐ 丿 几 2画

几 几 几 几

wie viel; einige 几天？ 几年？ 几天，几年，几百 几

hào 丶 ㄇ 口 旦 号 5画

号 号 号 号

Tag;Nummer 几号？ 学号 口

yuè 丿 刀 月 月 4画

月 月 月 月

Monat 年月、七月、十二月、几月 月

xīng	丶 ㄇ 冂 日 尸 旦 旦 星 星	9画
星	星 星 星	
Stern	星星，星月	日

qī	一 十 廿 廿 廿 甘 其 其 期 期 期 期	12画
期	期 期 期	
Zeitraum	星期、星期三、星期天、日期、学期	月

rì	丨 冂 月 日	4画
日	日 日 日	
Tag	几日，日月(Lauf der Zeit)、生日(Sonne)	日

míng	丨 冂 月 日 明 明 明 明	8画
明	明 明 明	
nächste; hell	明天，明日，明年；天明，明月	日

kè	丶 讠 讠 讵 讵 讵 课 课 课 课	10画
课	课 课 课	
Lektion, Unterricht	几课、上课	讠

liǎng	一 ㄏ 丙 丙 丙 两 两	7画
两	两 两 两	
zwei		一

qiān	丿 二 千	3画
千	千 千 千	
tausend		四千、几千、千年

líng	一 𠃌 𠃌 币 币 雨 雨 雨 雩 雳 霁 零 零	13画
零	零 零 零	
null	零上 (über null)、二零零零年	雨：auf Wetter bezogen

zuó	丨 冂 日 日 日' 旷 昨 昨 昨	9画
昨	昨 昨 昨	
gestern	昨天、昨日	日

zhù	丶 ㇇ 礻 礻 礻 礼 祀 祝 祝	9画
祝	祝 祝 祝	
wünschen		礻：meistens mit Opferung zu tun

kuài	丶 丷 忄 忄 忙 快 快	7画
快	快 快 快	
froh; schnell	不快； 好快，很快，不快	忄：auf Herz bezogen

lè	丿 匚 乐 乐 乐	5画
乐	乐 乐 乐	
froh		快乐、很乐

4 今天几号? Der wievielte ist heute?

一. 听力练习 [tīnglì liànxí] Hörübungen

1. 听录音，选择正确的拼音 [tīng lùyīn, xuǎnzé zhèngquè de pīnyīn]
   – Hören und die richtige Variante ankreuzen

今天	☐ jīntiān	☐ qīngtiān	☐ jīndiàn	☐ jīngtián
星期	☐ qīngxī	☐ qīngqī	☐ xīngqī	☐ xīngjī
上课	☐ shàngkè	☐ shàngkē	☐ shàngkě	☐ shěngkě
生日	☐ shèngrì	☐ shēnshì	☐ chéngshì	☐ shēngrì
高兴	☐ gāoxíng	☐ gāoxìng	☐ gáoxìng	☐ gàoxíng

2. 听录音，跟读 [tīng lùyīn, gēndú] – Hören und nachsprechen

3. 听录音，判断错对 [tīng lùyīn, pànduàn cuòduì]
   – Hören und als richtig oder falsch ankreuzen

	对	错
(1) 今天星期六。	( )	( )
(2) 今天不上课。	( )	( )
(3) 小龙不高兴。	( )	( )
(4) 小龙的生日是十六月一日。	( )	( )

二. 连一连 [lián yi lián] Was passt zusammen?

今天	míngtiān	morgen
星期	jīntiān	heute
明天	shēngrì	zum Unterricht gehen
昨天	xīngqī	Woche
上课	zuótiān	gestern
生日	Déyǔ	Chinesisch
快乐	shàngkè	froh
汉语	Hànyǔ	Deutsch
德语	kuàilè	Geburtstag

三. 数笔画 [shǔ bǐhuà] Aus wie vielen Strichen bestehen diese Zeichen?

号：________ 月：________ 日：________ 昨：________

生：________ 什：________ 乐：________ 课：________

四. 写拼音 [xiě pīnyīn] Wie lautet die Pinyin-Umschrift?

月：________ 学：________ 日：________ 你：________

也：________ 谁：________ 天：________ 千：________

五. 用汉语写出下列日期 [xiěchū xiàliè rìqī] Lesen und Schreiben

24.12.2008：________________________________

26.10.1975：________________________________

03.07.1942：________________________________

01.10.2000：________________________________

六. 拆字注音 [chāizì zhùyīn] Zeichen zerlegen, Lautschrift angeben

祝 [zhù] 礻 兄

星 [ ] ____ ____ 零 [ ] ____ ____

明 [ ] ____ ____ 昨 [ ] ____ ____

期 [ ] ____ ____ 课 [ ] ____ ____

七. 完成下列对话 [wánchéng xiàliè duìhuà] Dialoge vervollständigen

高树：你好，林纳。
林纳：你好，高树。今天几号？
高树：今天________________。
林纳：今天是你的生日啊！
高树：是，今天是________________。
林纳：祝你________________。
高树：谢谢。你的生日是______________？
林纳：________________。

八. 翻译 [fānyì] Übersetzen

heute__________ morgen__________ gestern__________

Montag__________ Dienstag__________ Mittwoch__________

Donnerstag__________ Freitag__________ Samstag__________

Sonntag__________

九. 回答问题 [huídá wèntí] Fragen beantworten

1. 昨天星期几? ______________________________。

2. 十一月十二号是星期几? ______________________________。

3. Anna的生日是六月十号吗? ______________________________。

4. 我们明天上什么课? ______________________________。

十. 数独 [shùdú] Sudoko（祝你生日快乐）

乐	生	祝	快	日	你
日					生
生		快	日		乐
你		乐	生		祝
快					日
祝	你	日	乐	生	快

5 你家有几口人？

Wie viele Mitglieder hat deine Familie?

写字练习 [xiězì liànxí] Schreibübung

jiā 丶 丶 宀 宀 宁 宇 穷 家 家 家 10画

家 家 家 家

Familie 你家、我家、国家、大家(wir alle) 宀: auf Haus bezogen

yǒu 一 ナ 十 冇 有 有 6画

有 有 有 有

haben 我有、你有、他有 月

kǒu 丨 口 口 3画

口 口 口 口

(ZEW) für Köpfe oder Öffnungen 几口人、六口人

bà 丶 八 グ 父 父 釜 斧 爸 8画

爸 爸 爸 爸

Vater 爸爸 父: auf männlichen Erwachsenen bezogen

mā	㇛ ㇜ 女 妈 妈 妈	6画
妈	妈 妈 妈	

Mutter

妈妈、大妈(Tante) 女

jiě	㇛ ㇜ 女 如 如 如 姐 姐	8画
姐	姐 姐 姐	

ältere Schwester

姐姐、大姐 女

hé	一 二 千 千 禾 禾 和 和	8画
和	和 和 和	

und

我和你、老师和学生 禾

hái	一 ア 不 不 不 还 还	7画
还	还 还 还	

noch

还是、还有、还好 辶: auf Fuß oder Weg bezogen

zhī	丨 口 口 只 只	5画
只	只 只 只	

(ZEW) Stück

几只、七只

gǒu 狗 8画

Hund

大狗、狗叫 犭: auf Tier bezogen

yī 医 7画

Arzt, Medizin

医生、医学 匚

dōu 都 10画

beide, alle

都是、都有 阝: auf Stadt bezogen

ài 爱 10画

gerne haben, lieben

爱国、爱人(Ehemann, Ehefrau) 爫: auf Hand bezogen

yé 爷 6画

Großvater

爷爷、老爷(gnädiger Herr) 父

gē

一 丁 𠃍 可 可 哥 哥 哥 哥 哥 10画

哥

ältere Bruder

哥哥、 大哥、 二哥 口

dì

丶 丷 𠄌 当 弟 弟 弟 7画

弟

jüngere Bruder

弟弟、 姐弟、 弟妹

nǎi

𡿨 女 女 奶 奶 5画

奶

Großmutter

奶奶、 奶妈(Amme) 女

mèi

𡿨 女 女 女 妹 妹 妹 妹 8画

妹

jüngere Schwester

妹妹、 姐妹、 弟妹 女

méi

丶 丶 氵 氵 沙 没 没 7画

没

nicht haben

没有、 没什么(keine Ursache) 氵

一. 听力练习 [tīnglì liànxí] Hörübungen

1. 听录音，补拼音 [tīng lùyīn, bǔ pīnyīn]
   – Hören und die Lautschriften vervollständigen

y__sh__　　l__sh__　　x__sh__　　d__sh__　　w__j_

2. 听录音，填空 [tīng lùyīn, tiánkòng – Hören und die Sätze vervollständigen

马丁家有________口人。他哥哥________医生。

他哥哥有很多________。他哥哥今年________岁。

3. 听录音，判断对错 [tīng lùyīn, pànduàn duìcuò]
   – Hören und als richtig oder falsch ankreuzen

	对	错
(1) 马丁的爸爸是医生。	(　)	(　)
(2) 马丁没有哥哥。	(　)	(　)
(3) 马丁的哥哥是德语老师。	(　)	(　)
(4) 马丁今年二十九岁。	(　)	(　)

4. 听录音，圈出正确答案错 [tīng lùyīn, quānchū zhèngquè dá'àn]
   – Hören und die Richtigen ankreisen

(1)	他是我的	a.哥哥	b.弟弟	c.爷爷
(2)	她是李维的	a. 姐姐	b. 妹妹	c.妈妈
(3)	他是我的	a. 英国朋友	b. 德国朋友	c. 法国朋友
(4)	他是我的英国	a. 医生	b. 老师	c. 学生。

二. 连一连 [lián yi lián] Was passt zusammen?

爸爸	māma	älterer Bruder
妈妈	jiějie	Vater
哥哥	bàba	ältere Schwester
姐姐	mèimei	Mutter
弟弟	gēge	jüngere Schwester
妹妹	dìdi	Oma, Großmutter
爷爷	nǎinai	jüngerer Bruder
奶奶	yīshēng	Opa, Großvater
学生	yéye	Arzt/Ärztin
医生	xuéshēng	Lehrerer/Lehrerin
老师	lǎoshī	Schüler/Schülerin

三. 数笔画 [shǔ bǐhuà] Aus wie vielen Strichen bestehen diese Zeichen?

家: ________ 爱: ________ 爸: ________ 爷: ________

妈: ________ 姐: ________ 奶: ________ 妹: ________

哥: ________ 弟: ________ 医: ________ 都: ________

四. 写拼音 [xiě pīnyīn] Wie lautet die Pinyin-Umschrift?

爷: ________ 哥: ________ 和: ________ 没: ________

爱: ________ 奶: ________ 快: ________ 百: ________

爸: ________ 妈: ________ 吗: ________ 她: ________

五. 拆字注音 [chāizì zhùyīn] Zeichen zerlegen, Lautschrift angeben

妈 [mā] < 女 ____ / 马 ____

家 [ ] < ____ / ____　　姐 [ ] < ____ / ____

爸 [ ] < ____ / ____　　都 [ ] < ____ / ____

只 [ ] < ____ / ____　　没 [ ] < ____ / ____

六. 完成下列对话 [wánchéng xiàliè duìhuà] Dialoge vervollständigen

小龙：安娜，你家有________人？

安娜：我家有五口人，爸爸、妈妈、姐姐、哥哥和我。你呢？
　　　你家有几口人？

小龙：我家________四口人，爸爸、妈妈、弟弟________我。

安娜：我爸爸是医生，你________也是医生吗？

小龙：不，我爸爸________老师。

安娜：你弟弟________？

小龙：我弟弟三岁。

七. 量词填空 [liàngcí tiánkòng] Passende ZEW einsetzen

口　只　个

1. 我有三________姐姐。　　2. 小龙有四________猫。

3. 高树家有五________人。

八. 连词组句 [liáncí zǔjù] Sätze richtig zusammensetzen

1. 没有　弟弟　林老师 ____________________________。

2. 李维　一只　有　狗 ____________________________。

3. 汉语课　上　星期三　她们 ____________________________。

4. 四十九岁　哥哥　今年　我的 ____________________________。

5. 我的　她　丽丽　朋友　是 ____________________________。

九. 翻译 [fānyì] Übersetzen

Hast du eine kleine Schwester? ____________________________？

Nein. Ich habe einen kleinen Bruder. ____________________________。

Ist dein Vater Arzt? ____________________________？

Nein. Er ist Lehrer. ____________________________。

十. 回答问题 [huídá wèntí] Fragen beantworten

1. 今天几号？____________________________。

2. 今天星期几？ ____________________________。

3. 我们星期几上汉语课？____________________________。

4. 你有哥哥吗？ ____________________________。

5. 你哥哥叫什么名字？ ____________________________。

6. 他今年多大？ ____________________________。

7. 你有几个妹妹？ ____________________________。

8. 你的朋友叫什么名字？ ______________________________。

9. 他的老师今年多大？ ______________________________。

10. 姐姐的生日是几号？ ______________________________。

11. 爸爸明年多大？ ______________________________。

12. 妈妈有弟弟吗？ ______________________________。

13. 妈妈的弟弟叫什么？ ______________________________。

十一. 描述自己的家 [miáoshù zìjǐ de jiā] eigene Familie beschreiben

我喜欢听音乐 Ich höre gern Musik 6

写字练习 [xiězì liànxí] Schreibübung

tīng
丨 ㄇ 口 口´ 口ˊ 吓 听 — 7画

听 听 听 听

hören
听见、好听、我听、你听 — 口

yīn
丶 亠 亠 亡 立 产 音 音 音 — 9画

音 音 音 音

Ton, Laut
高音、音高 — 立、日

yuè
㇒ ㇗ 乐 乐 乐 — 5画

乐 乐 乐 乐

Musik
音乐

zhèng
一 丅 下 正 正 — 5画

正 正 正 正

gerade
正在 、正好

zài — 在 — 6画

sich befinden — 正在

gē — 歌 — 14画

Lied — 唱歌 — 欠: offen bezogen

yùn — 运 — 7画

sich bewegen, transportieren — 走运，运气 — 辶

dòng — 动 — 6画

sich bewegen — 运动 — 力: auf Kraft bezogen

dǎ — 打 — 5画

spielen, schlagen — 打球，打架 — 扌: auf Hand bezogen

lán — 篮 — 16画

Korb — 篮子 — ⺮ : auf Bambus bezogen

qiú 球 11画

Kugel, Ball

打球、好球、篮球

王: auf Jade bezogen

tī 踢 15画

treten

踢球

足: auf Fuß bezogen

zú 足 7画

Fuß

足球

tài 太 4画

allzu, übermäßig

太大、太好

dú 读 10画

lesen

讠

shū 书 4画

Buch

读书

乛

kàn 9画

看

sehen

看书、看人 目: auf Auge bezogen

diàn 5画

电

Strom, elektrisch

电动 乚

shì 8画

视

sichtbar, sich anschauen

电视 礻

kě 5画

可

können; bloß, doch

可是、可爱 口

tā 5画

它

es

它们 宀

bái 5画

白

weiß

白狗、白球

mào	11画
猫	猫 猫 猫
Katze	白猫、猫狗　犭

shuì	13画
睡	睡 睡 睡
schlafen	目

jiào	9画
觉	觉 觉 觉
Schlaf	睡觉　见: auf Sicht bezogen

chàng	11画
唱	唱 唱 唱
singen	高唱　口

pái	11画
排	排 排 排
Reihe	一排、排球(Volleyball)　扌

6 我喜欢听音乐 Ich höre gern Musik

一. 听力练习 [tīnglì liànxí] Hörübungen

1. 听录音，补拼音 [tīng lùyīn, bǔ pīnyīn]
   – Hören und die Lautschriften vervollständigen

__i__an __u__u __un__ong __e'ai __ian__i

2. 听录音，圈出正确答案 [tīng lùyīn, quānchū tīngdào de cí]
   – Hören und das Gehörte ankreisen

睡觉	喜欢	音乐	读书	运动	医生
可爱	星期	电视	上课	打球	没有

3. 听录音，选择正确答案 [tīng lùyīn, xuǎnzé zhèngquè dá'àn]
   – Hören und die Sätze vervollständigen

王芳喜欢__________。（听音乐、看电视、睡觉）

李维喜欢打________。（足球、篮球、乒乓球）

马兰喜欢读________。（德语书、英语书、韩语书）

二. 连一连 [lián yi lián] Was passt zusammen?

喜欢	chànggē	Lied singen
唱歌	tī zúqiú	mögen
听音乐	xǐhuan	Fußball spielen
看电视	tīng yīnyuè	Musik hören
踢足球	kàn diànshì	Sport, Bewegung
可爱	dú shū	Buch lesen
运动	yùndòng	lieb, nett
读书	kě'ài	fernsehen

三. 数笔画 [shǔ bǐhuà] Aus wie vielen Strichen bestehen diese Zeichen?

喜：________ 唱：________ 打：________ 爱：________

篮：________ 听：________ 踢：________ 看：________

四. 写拼音 [xiě pīnyīn] Wie lautet die Pinyin-Umschrift?

读：________ 打：________ 篮：________ 爱：________

书：________ 它：________ 看：________ 在：________

五. 拆字注音 [chāizì zhùyīn] Zeichen zerlegen, Lautschrift angeben

动 [dòng] < 云___ / 力___

听 [ ] < ___ / ___　　打 [ ] < ___ / ___

踢 [ ] < ___ / ___　　睡 [ ] < ___ / ___

读 [ ] < ___ / ___　　运 [ ] < ___ / ___

六. 完成下列对话 [wánchéng xiàliè duìhuà] Dialoge vervollständigen

A：你喜欢打球吗？
B：____________________。
A：你喜欢打什么球？
B：____________________。
A：你弟弟喜欢运动吗？。
B：____________________。
A：你弟弟学日语吗？
B：____________________。
A：____________________？
B：我妹妹不学英语，她学汉语。

七. 组词 [zǔcí] Wörter bilden

例：喜（喜欢）

唱（ ）	读（ ）	喜（ ）
听（ ）	认（ ）	爱（ ）
叫（ ）	谁（ ）	看（ ）

八. 造句 [zàojù] Sätze bilden

例：上课 — 我们在上课。

喜欢 — ______________________________。

打球 — ______________________________。

可爱 — ______________________________。

九. 数独 [shùdú] Sudoko （我们喜欢唱歌和踢球）

喜	歌	们	欢	和	球	踢	我	唱
欢								歌
踢		唱	歌		喜	和		们
我		球	和		歌	欢		喜
唱								我
们		喜	我		唱	歌		踢
和		踢	球		我	们		欢
球								和
歌	们	欢	唱	踢	和	我	喜	球

现在几点？ Wie spät ist es jetzt? 7

写字练习 [xiězì liànxí] Schreibübung

xiàn — 8画

现 现 现 现

jetzig, gegenwärtig — 现有、现在 — 王

diǎn — 9画

点 点 点 点

Stunde, Punkt — 几点 — 灬: auf Feuer bezogen

qǐng — 10画

请 请 请 请

bitten, auffordern — 请人、请看 — 讠

wèn — 6画

问 问 问 问

fragen — 问好、请问、问人、问号 — 门: auf Tür bezogen

xiè 谢 12画

danken — 谢谢、不谢 — 讠

kè 客 9画

Besucher, Kunde — 客人、老客、女客 — 宀

qì 气 4画

Atmosphäre, Gas, Luft — 客气(höflich)、不客气

shí 时 7画

Zeit — 几时、多时(lange Zeit) — 日

chà 差 9画

zu etwas fehlen — 差一刻三点 — 羊

fēn 分 4画

Minute — 八点十分 — 八，刀

yǐ	㇆ ㇆ 已	3画
已	已 已 已	

schon, bereits

jīng	㇜ ㇜ 纟 纟 纟 纟 纟 经	8画
经	经 经 经	

durch

已经 纟: auf Textil bezogen

le	㇇ 了	2画
了	了 了 了	

Perfektsuffix

jiān	丶 丨 门 门 门 间 间	7画
间	间 间 间	

Zimmer, Raum

时间(Zeit)、日间；人间 门

hòu	丿 亻 亻 亻 亻 亻 亻 亻 亻 候	10画
候	候 候 候	

Zeit(raum)

时候、气候(Klima) 亻

lái	一 一 一 一 平 来 来	7画
来	来 来 来	

kommen

我来、来去

bàn 半 — 5画

halb, Hälfte

半天、半日、半月、半年、半岁

wǎn 晚 — 11画

Abend; spät

晚上、早晚；晚年、晚期

日

kè 刻 — 8画

Viertelstunde; meißeln, gravieren

一刻、三刻、时刻；刻字

刂

huí 回 — 6画

zurückkommen, antworten

回到、回家、回话、回见

囗

pǎo 跑 — 12画

laufen

足

qǐ 起 — 10画

aufstehen; beginnen

起早；起点

走

chuáng	丶 亠 广 广 庄 庄 床									7画
床	床	床					床			

Bett 床上、起床 广: auf Zimmer bezogen

wǔ	丿 𠂉 𠂉 午									4画
午	午	午					午			

Mittag 中午、上午、午间

xià	一 丅 下									3画
下	下	下					下			

unten, unter; enden 上下、下午；下课

一. 听力练习 [tīnglì liànxí] Hörübungen

1. 听录音，选择正确的拼音 [tīng lùyīn, xuǎnzé zhèngquè de pīnyīn]
   – Hören und die richtige Variante ankreuzen

qíngwèn ☐	qǐngwèn ☐	qīngwén ☐	qǐngwēn ☐
siànzài ☐	xiánzāi ☐	xiànzài ☐	xiànzái ☐
qídiǎn ☐	xídián ☐	jīdiǎn ☐	jǐdiǎn ☐
bùkèqi ☐	búkěqì ☐	búkèqi ☐	bùkèchì ☐

2. 听录音，填空 [tīng lùyīn, tiánkòng]
   – Hören und die Sätze vervollständigen

(1) 石大海喜欢运动，他早上__________起床跑步。

下午__________打篮球，晚上__________打排球。

(2) 林纳喜欢读书和写字。她________九点读汉语，

________一点四十读德语，四点半________。

(3) 小龙的猫喜欢__________，它白天和__________都在睡觉。

4. 听录音，选择正确答案 [tīng lùyīn, xuǎnzé zhèngquè dá'àn]
– Hören und die richtigen Sätze ankreuzen.

(1) 石大海喜欢打篮球。 ( )
(2) 林纳四点半写汉字。 ( )
(3) 小龙喜欢睡觉。 ( )
(4) 小龙的猫白天不睡觉。 ( )

二. 连一连 [lián yi lián] Was passt zusammen?

现在	jǐ diǎn	danke
几点	xièxie	jetzt
谢谢	xiànzài	Zeit
不客气	shuìjiào	wie viel Uhr?
时间	búkèqi	Keine Ursache
睡觉	wǎnshang	abend
晚上	shíjiān	aufstehen
起床	kè	schlafen
刻	qǐchuáng	Viertelstunde

三. 数笔画 [shǔ bǐhuà] Aus wie vielen Strichen bestehen diese Zeichen?

请: ________ 问: ________ 时: ________ 起: ________

谢: ________ 两: ________ 睡: ________ 床: ________

四. 写拼音 [xiě pīnyīn] Wie lautet die Pinyin-Umschrift?

现: ________ 起: ________ 觉: ________ 客: ________

间: ________ 气: ________ 叫: ________ 刻: ________

五. 翻译 [fānyì] Übersetzen

起床 ________________ schlafen ________________

早上 ________________ danke ________________

一刻 ________________ jetzt ________________

不客气 ________________ Abend ________________

7:15 ________________ 9:55 ________________

4:45 ________________ 12:30 ________________

现在几点? ______________________________?

现在七点十分。______________________________。

你几点睡觉? ______________________________?

我十点半睡觉。______________________________。

小狗很可爱。______________________________。

我爱我的家。______________________________。

六. 回答问题 [huídá wèntí] Fragen beantworten

1. 高树上午几点上课? (8:00 / 8:15 / 8:30)

______________________________。

2. 高树下午几点下课? (16:50 / 17:45 / 18:10) 。

______________________________。

七. 找句子 [zhǎo jùzi] Sätze suchen

他	们	几	点	打	篮	球	我
八	我	八	点	上	课	晚	早
点	电	不	客	气	上	爱	上
四	谢	谢	现	十	家	可	六
十	视	问	点	几	在	现	点
打	请	睡	名	字	我	很	半
篮	觉	睡	点	几	你	间	起
球	足	踢	点	四	们	他	床

我晚上十点睡觉 ________________

____

____

____

____

____

____

____

8 你去哪儿？ Wohin gehst du?

写字练习 [xiězì liànxí] Schreibübung

qù 一 十 土 去 去 5画

去	去	去					去			

(weg)gehen 去学校、去德国 土

nǎ 丨 口 口 叮 叮 吗 呐 哪 哪 9画

哪	哪	哪					哪			

wo, welche 哪天？哪件？ 口

ér 丿 儿 2画

儿	儿	儿					儿			

Suffix für freundlichen Umgangston 今儿，哪儿？

yǐng 丨 口 日 日 旦 早 早 몸 昌 昌 景 景 景 影 影 15画

影	影	影					影			

Schatten 电影 彡

shuō 丶 讠 讠 讠 讠 讵 讵 诏 说 9画

说	说	说					说			

sagen 听说、说好 (ausmachen) 讠

cuò ノ 𠂉 𠂉 乍 钅 钅 钅 钳 钳 钳 错 错 错 13画

错	错	错					错			

sich irren, falsch 说错、听错、不错 钅: auf Metall bezogen

yuàn 阝 阝 阝 阝 阝 阝 阝 院 院 9画

院	院	院					院			

Hof, Institut, Anstalt 医院、学院 阝

qián 丶 丷 䒑 产 前 前 前 前 前 9画

前	前	前					前			

vor, vorn, vorher 前日、前天、前期

xiào 一 十 才 木 木 村 村 栌 校 校 10画

校	校	校					校			

Schule 学校 木: auf Baum bezogen

shāng 丶 亠 亠 亠 产 商 商 商 商 商 商 11画

商	商	商					商			

Handel, Geschäft 亠

diàn	丶 亠 广 广 庐 庐 店 店	8画
店	店 店	店

Laden, Verkaufsstand — 商店 — 广

mǎi	乛 乛 乛 三 买 买	6画
买	买 买	买

kaufen — 买书、买电视 — 乛

shuǐ	亅 刁 水 水	4画
水	水 水	水

Wasser — 水电、水球、水上

guǒ	丨 冂 日 日 旦 早 果 果	8画
果	果 果	果

Frucht — 水果 — 木

wéi	𠃋 乡 纟 纟 纠 纠 纠 纩 维 维 维	11画
维	维 维	维

bündeln, bewahren, denken — 纟

nà	𠃋 乡 纟 纟 纠 纳 纳	7画
纳	纳 纳	纳

(etw.) annehmen, (Steuer) entrichten — 纟

jī 6画

机 机 机 机

Maschine

机车、起动机 木

chǎng 6画

场 场 场 场

Platz, Arena, Betrieb

机场(Flughafen)、车场(Parkplatz)、商场 土

jiē 11画

接 接 接 接

empfangen, verbinden

接人、接球 扌

zuò 7画

坐 坐 坐 坐

sitzen, sich setzen

坐好、请坐 土

dào 8画

到 到 到 到

(an-)kommen

到来、到点 刂

huǒ 4画

火 火 火 火

Feuer

火车、大火、起火

chē
一 𠂉 车 车 4画
车
Fahrzeug, Auto
火车、好车

zhàn
站 10画
站
Station
车站、火车站 立

tiě
铁 10画
铁
Eisen
地铁(U-Bahn)、打铁 钅

kāi
一 二 于 开 4画
开
fahren; öffnen; kochen
开车; 开口、开学; 开水

zhǔn
准 10画
准
genau
准时; 准许 (erlauben) 冫: auf Eis, Kälte bezogen

bèi
备 8画
备
vorbereiten
准备 夂

qí	㇇ 马 马 马 马 马 骑 骑 骑 骑 骑	11画
骑	骑 骑 骑	

reiten　　骑车　　马: auf Pferd bezogen

zì	′ 丨 白 白 自 自	6画
自	自 自 自	

selbst　　自学、自在（zwanglos）

xíng	′ 彳 彳 行 行 行	6画
行	行 行 行	

reisen, gehen　　自行、行星（Planet）

一. 听力练习 [tīnglì liànxí] Hörübungen

1. 听录音，选择正确的拼音 [tīng lùyīn, xuǎnzé zhèngquè de pīnyīn]
   – Hören und die richtige Variante ankreuzen

jīnwán ☐	qīnwǎn ☐	jīnwǎn ☐	jīngwǎn ☐
diànyǐng ☐	diányìng ☐	diànyìng ☐	diǎnyǐng ☐
bùcuò ☐	búcuò ☐	būcuò ☐	búcuō ☐
yíqì ☐	yìjǐ ☐	yìqǐ ☐	yìqǐ ☐
shāngdiàn ☐	shāndiān ☐	shǎngdiàn ☐	shàngdiàn ☐
shuíguò ☐	shuǐguò ☐	shuǐguō ☐	shuǐguǒ ☐

2. 听录音，选择正确答案 [tīng lùyīn, xuǎnzé zhèngquè dá'àn]
 – Hören und die Sätze vervollständigen

马克：我的中国＿＿＿＿＿（朋友/医生）林纳＿＿＿＿＿（今天/明天）到维也纳。我准备到＿＿＿＿＿学校/机场）接她。

大卫：你＿＿＿＿＿（开车/坐车）去吗？

马克：不，我＿＿＿＿＿（骑/坐）地铁去。

大卫：林纳说＿＿＿＿＿（德语/英语）吗？

马克：她正在学。大卫，你和我＿＿＿＿＿（都/一起）去吗？

大卫：好吧，我去＿＿＿＿＿（认识/高兴）一下她。

3. 听录音，判断错对 [tīng lùyīn, pànduàn cuòduì]
 – Hören und als richtig oder falsch ankreuzen

	对	错
(1) 林纳是德国人。	( )	( )
(2) 林纳明天到维也纳。	( )	( )
(3) 马克开车去接林纳。	( )	( )
(4) 大卫认识林纳。	( )	( )

二. 连一连 [lián yi lián] Was passt zusammen?

哪儿	yínháng	Auto fahren
医院	yīyuàn	wo
开车	nǎr	Bank
银行	kāichē	Krankenhaus
商店	huǒchē	Station
上午	shāngdiàn	Flughafen
机场	jīchǎng	Geschäft
火车	zhàn	Vormittag
站	shàngwǔ	Zug

三. 数笔画 [shǔ bǐhuà] Aus wie vielen Strichen bestehen diese Zeichen?

院：________ 场：________ 运：________ 纳：________

哪：________ 接：________ 午：________ 维：________

四. 写拼音 [xiě pīnyīn] Wie lautet die Pinyin-Umschrift?

院：________ 哪：________ 机：________ 坐：________

远：________ 纳：________ 接：________ 错：________

五. 完成下列对话 [wánchéng xiàliè duìhuà] Dialoge vervollständigen

A：你去哪儿？
B：________________。你呢？
A：我去________________。
B：再见。

A：我去学校，你也去吗？
B：不，________________。
我去________________。
A：你开车去吗？
B：不，________________。

六. 选择正确的答案 [xuǎnzé zhèngquè de dá'àn] die richtige Antwort ankreuzen

1. 我明天坐飞机去萨尔茨堡。 Sà'ěrsībǎo Salzburg
( ) 我到火车站去接你。
( ) 我到机场去接你。

2. 他们在哪儿见面？
( ) 他们在金色大厅门前见面。
Jīnsè Dàtīng Goldener Saal (in Musikverein)
( ) 他们九点一刻见面。

3. 小龙的自行车在哪儿？
( ) 小龙骑自行车上学。
( ) 小龙的自行车不见了。

七. 回答问题 [huídá wèntí] Fragen beantworten

1. 哥哥和他的朋友明天去哪儿？

____

2. 他们怎么去？

____

3. 他们在哪儿见面？

____

八. 照例子写句子 [zhào lìzi xiě jùzi] Nach dem Beispiel Sätze bilden

例：医院　看妹妹　→　王芳去医院看妹妹。

1. 商店　买水果　→ _______________。
2. 机场　接小龙　→ _______________。
3. 邮局　买邮票　→ _______________。
   yóujú　yóupiào
   Post　Briefmarken
4. 维也纳　看朋友　→ _______________。

例：这个电影不错　→　听说这个电影不错。

1. 明天不上英语课。→ _______________。
2. 他爸爸是医生。→ _______________。
3. 老师喜欢唱歌。→ _______________。
4. 我们坐火车去德国。→ _______________。

明天天气怎么样？
Wie ist das Wetter morgen?

9

写字练习 [xiězì liànxí] Schreibübung

zěn 怎 — 9画
was? wieso?
怎的、怎么 — 心

yàng 样 — 10画
Form, Muster
怎样、怎么样 — 木

yǔ 雨 — 8画
Regen
大雨、下雨、雨水 — 雨

guā 刮 — 8画
wehen; schaben, rasieren
刂

fēng 风 — 4画
Wind
刮风、风车、风水

dài 一 十 卄 卅 卅 卅 带 带 带 9画

带 带 带 带

(mit)nehmen; Band, Gurt 带人、带车 巾

yī 丶 亠 ナ 亣 衣 衣 6画

衣 衣 衣 衣

Bekleidung 雨衣、上衣

ba 丨 口 口 口 叩 吧 6画

吧 吧 吧 吧

Modalpartikel als Aufforderung 口

chūn 一 二 三 夫 夫 夫 春 春 春 9画

春 春 春 春

Frühling 春天、春风 日

cháng 丨 丨 丨 丨 丬 丬 丬 丬 常 常 常 11画

常 常 常 常

gewöhnlich, oft 常常、常年 巾

xià 一 丆 丆 百 百 百 百 頁 夏 夏 10画

夏 夏 夏 夏

Sommer 夏天、春夏 夂

Pinyin	Zeichen	Bedeutung	Strichzahl	Wörter	Radikal
rè	热	heiß, warm	10画	太热、热风、热水	灬
dōng	冬	Winter	5画	冬天	夂
lěng	冷	kalt	7画	冷天、冷水、冷气	冫
huá	滑	rutschen	12画	滑动、滑车、滑水	氵
xuě	雪	Schnee	11画	滑雪、下雪、雪水	雨
qù	趣	interessant, Intcresse	15画	有趣、兴趣	走

9 明天天气怎么样? Wie ist das Wetter morgen?

huì 丿 人 亼 今 会 会 6画

会

können, fähig sein 会写、会说 人

dāng 丨 丨 丨丨 当 当 当 6画

当

sollen, müssen, tätig sein als, gerade als 当年、当时 ヨ

rán 12画

然

so, richtig, allerdings 当然 灬

shuāi 14画

摔

hinfallen 摔下 扌

dǎo 10画

倒

umfallen; wechseln 摔倒; 倒班 亻

qíng 12画

晴

klar, heiter 晴天 日

zuì 最 12画

am meisten, äußerst — 最大、最高 — 日

wēn 温 12画

Wärme, warm — 温水 — 氵

dù 度 9画

Ausmaß, Grad — 温度 — 广

dī 低 7画

nieder, niedrig — 低温、很低 — 亻

qiū 秋 9画

Herbst — 秋天、春夏秋冬 — 禾

měi 美 9画

schön, hübsch; Amerika — 美好、美人；美国 — 八

9 明天天气怎么样？ Wie ist das Wetter morgen?

一. 听力练习 [tīnglì liànxí] Hörübungen

1. 听录音，补拼音 [tīng lùyīn, bǔ pīnyīn]
   – Hören und die Lautschriften vervollständigen

   m__t__ t__q__ g__f__ x__t__ y__q__ h__x__

2. 听录音，选择正确答案 [tīng lùyīn, xuǎnzé zhèngquè dá'àn]
   – Hören und die Sätze vervollständigen

   奥地利的春天、夏天________（不错/不冷），

   冬天________（很冷/不冷）。

3. 听录音，回答问题 [huídá wèntí] – Hören und Fragen beantworten

   （1）北京的天气怎么样？ ______________________________。

   （2）马丁喜欢冬天，是吗？ ______________________________。

   （3）马丁会滑雪吗？ ______________________________。

二. 连一连 [lián yi lián] Was passt zusammen?

天气	zěnmeyàng	Wind wehen
怎么样	guāfēng	Wetter
刮风	chángcháng	oft
春天	tiānqì	wie wäre es?
常常	yǒuqù	interessant
冷	chūntiān	Frühling
有趣	lěng	kalt

三. 挑出不同类的词 [tiāochū bùtóng lèi de cí]

Welches der vier Wörter passt nicht in die Reihe

晴天	刮风	下雨	雨伞	(　　　)
秋天	夏天	很热	冬天	(　　　)
滑雪	打篮球	温度	看电影	(　　　)

四. 选词填空 [xuǎncí tiánkòng] Passende Wörter einsetzen

怎么样　　常常　　太热　　有趣

1. 夏天 ________，我喜欢冬天。
2. 明天天气 ________？
3. 春天，姐姐 ________跑步。
4. 你会滑雪吗？滑雪 ________吗？

五. 照例子用“一起”改写句子 [zhào lìzi yòng “yìqǐ” gǎixiě jùzi]

Nach dem Beispiel Sätze bilden

例：看电影 → 明天，我和他们一起去看电影。

滑雪 → ________________。

打排球 → ________________。

上汉语课 → ________________。

去机场 → ________________。

六. 描写一下你所在城市的天气 [miáoxiě yíxià nǐ suǒzài chéngshì de tiānqì]

das Wetter der Heimat beschreiben

10 你住哪儿？ Wo wohnst du?

写字练习 [xiězì liànxí] Schreibübung

zhù 丿 亻 亻 亻 仁 住 住 7画

住 住 住 住

wohnen, bewohnen 住在、住家 亻

gāng 丨 冂 冂 冈 冈 刚 6画

刚 刚 刚 刚

gerade, eben 刚刚、刚好 刂

běi 丨 丨 丬 丬 北 5画

北 北 北 北

Nord-, nördlich 北风 匕

jīng 丶 亠 亠 亡 古 亨 亨 京 8画

京 京 京 京

Hauptstadt 北京 亠

jiǔ	丶 氵 氵 汀 汀 沂 沔 洒 酒 酒	10画
酒	酒 酒	酒

Alkohol, Schnaps 酒店 氵

gěi	纟 纟 纟 纠 纵 纵 纷 给 给	9画
给	给 给	给

etwas geben 给你、给人 纟

huà	丶 讠 讠 讠 讦 讦 话 话	8画
话	话 话	话

Sprache, Rede 说话、话语 讠

mǎ	一 丆 丆 石 石 石 码 码	8画
码	码 码	码

Zahlenangabe, Code 号码 石

dì	丿 ⺊ ⺮ ⺮ ⺮ ⺮ 笃 笃 笃 第 第	11画
第	第 第	第

Präfix für Ordinalzahl 第几 竹

qū	一 丆 又 区	4画
区	区 区	区

Zone, Gebiet 地区、区间 匚

bèi 4画

贝

Muschel 贝

fēn 7画

芬

Duft 艹

jiē 12画

街

Straße, Gasse 大街、小街 彳

jiù 12画

就

eben, genau, sofort, dann, nur 就是

miàn 9画

面

Gesicht, Seite; Mehl, Nudel 前面、上面、北面、面粉（Mehl）、面条（Nudel）

nà 6画

那

also, dann; jenes 那就、那么；那是、那时 阝

sòng	丶 丷 䒑 兰 关 关 关 送 送	9画
送		
schenken, schicken, begleiten	送到、送给、送客	辶

zhǎo	一 十 扌 扌 找 找 找	7画
找		
suchen	找到、找给、找回	扌

céng	乛 コ 尸 尸 尸 层 层	7画
层		
Etage, Schicht	几层、三层	尸

jiào	一 十 土 耂 孝 孝 孝 孝 孝 教 教	11画
教		
lehren, beibringen	教学	攵

shì	丶 丶 宀 宀 宀 宀 宀 室 室	9画
室		
Zimmer, Raum	教室	宀

bàn	丁 力 力 办	4画
办		
erledigen	怎么办	

gōng ノ 八 公 公 4画

公 公 公 公

amtlich, gemeinsam 办公 八

gōng 一 丅 工 3画

工 工 工 工

Arbeit 工人、工友

zuò ノ 亻 亻 𠂉 竹 作 作 7画

作 作 作 作

machen; sich benehmen, verhalten 工作、作家、作客; 作风 亻

fáng 丶 亠 ㇇ 户 户 户 房 房 8画

房 房 房 房

Haus 房间 户

一. 听力练习 [tīnglì liànxí] Hörübungen

1. 听录音，加音调 [jiā yīndiào] – Hören und die Tonzeichen ergänzen

zhuzai jiudian dianhua haoma

2. 听录音，选择正确答案 [tīng lùyīn, xuǎnzé zhèngquè dá'àn]
– Hören und die Sätze vervollständigen

（1）马克住________（七层/九层）________（117/717）房间。

（2）马克的电话号码是______________（8352766/8253766）。

3. 听录音，选择正确答案 [tīng lùyīn, xuǎnzé zhèngquè dá'àn]
– Hören und die Sätze vervollständigen

（1）王老师________（在/不在）办公室。

（2）王老师在给________（老师/学生）上课。

（3）王老师下午________（有/没有）课。

二. 连一连 [lián yi lián] Was passt zusammen?

住	gāng	Nummer
刚	jiǔdiàn	(be-)wohnen
工作	zhù	Telefon
酒店	hàomǎ	gerade, eben
电话	dàxué	Vorne, Vorderseite
号码	qiánmiàn	Hotel, Restaurant
前面	diànhuà	Universität
大学	gōngzuò	Arbeit

三. 写拼音 [xiě pīnyīn] Wie lautet die Pinyin-Umschrift?

刚：________ 作：________ 店：________ 弟：________

到：________ 住：________ 电：________ 第：________

四. 组词 [zǔcí] Wörter bilden

打：________、________； 开：________、________；

雨：________、________； 看：________、________；

学：________、________； 天：________、________；

五. 组字 [zǔzì] Schriftzeichen bilden

亻 + 主 → ( )　　扌 + 丁 → ( )

日 + 免 → ( )　　辶 + 关 → ( )

王 + 见 → ( )　　亻 + 乍 → ( )

六. 完成下列对话 [wánchéng xiàliè duìhuà] Dialoge vervollständigen

A: 林娜，你住在哪儿?
B: ______________日内瓦 (Rìnèiwǎ Genf) 大酒店。
A: 你的______________是什么?
B: 我的电话号码是______________。
A: 我晚上______________打电话。

大卫：高树，______________！我是大卫。
高树：啊，大卫！你在______________?
大卫：我今天下午到北京，____________北京大酒店。
高树：太好了！我____________ 七点去酒店__________你。
大卫：好，你______我打__________。我的__________是：54690882。
高树：晚上见。

A：今天天气怎么样?
B：今天____________。（下雨、下雪、晴天）
A：我们去滑雪，好吗?
B：太好了，我__________喜欢滑雪了。（会、能、可是、最）

A：明天冷吗?
B：__________。（冷、不冷）
A：可以去打球吗?
B：不行，明天______________。（晴天、刮风、下雨、下雪）
A：那我们去看电影吧。

七. 翻译 [fānyì] Übersetzen

1. Wo wohnst du? ________________________________。
2. Wie lautet deine Telefonnummer?________________________________。
3. In welchem Bezirk wohnst du? ________________________________。
4. Ruf mich heute Abend an. ________________________________。
5. Ich werde ihn morgen besuchen. ________________________________。

八. 选词填空 [xuǎn cí tiánkòng] Passende Wörter einsetzen

可是　　当然　　太　　最

1. 秋天不冷也不热，__________常常刮风。
2. 我__________喜欢冬天，冬天可以滑雪。
3. A: 我们八点一刻见面，好吗？

   B: __________晚了。电影八点一刻开始，我们八点见。
4. 我可以坐你的车去吗？__________可以。
5. 丽丽没带雨伞，__________她有雨衣。

11 饺子好吃吗？ Schmecken dir Jiaozi?

写字练习 [xiězì liànxí] Schreibübung

jiǎo	9画
饺	丿 ⺈ 饣 饣 饣 饣 饣 饺 饺
gefüllte Teigtasche	水饺　饣

zi	3画
子	乛 了 子
kleines Ding	饺子、果子

chī	6画
吃	丨 ㄇ 口 口 吖 吃
essen	吃什么？好吃　口

xiǎng	13画
想	一 十 才 木 木 机 相 相 相 相 想 想 想
wollen; denken	想吃、想见；想一想、想家、想起　心

yào	9画
要	一 一 丙 丙 西 西 要 要 要
wollen, wünschen	想要、要什么？　女

fèn
丿 亻 亻 份 份 份 6画

份 份 份 份

Portion; ZEW für Essen 一份 亻

bāo
丿 勹 勺 匀 包 5画

包 包 包 包

Tasche, Packung; einwickeln, umfassen, packen 包子、包起来、打包 勹

má
丶 亠 广 广 庁 庁 庁 庁 府 府 麻 11画

麻 麻 麻 麻

taub, Hanf 广

pó
丶 丶 氵 氵 氵 沪 波 波 波 婆 婆 11画

婆 婆 婆 婆

Alte, Schwiegermutter 婆婆、老婆 女

dòu
一 丆 戸 戸 戸 豆 豆 7画

豆 豆 豆 豆

Bohne 豆子

fǔ
丶 亠 广 广 广 庐 府 府 府 腐 腐 腐 腐 腐 14画

腐 腐 腐 腐

faulen, gären 豆腐 广

là 丶 亠 亠 立 立 辛 辛 辛 辛 辛 辢 辣 辣 辣 14画

辣 辣 辣 辣

scharf 很辣 辛

chuān 丿 川 川 3画

川 川 川 川

Fluss, Strom 四川 丿

tè 丿 𠂉 牛 牛 牜 牜 牪 特 特 特 10画

特 特 特 特

besonders, speziell 特好、特辣 牛

yòu フ 又 2画

又 又 又 又

nicht nur, sondern auch; wieder; 又高又大

mǐ 丶 丷 丷 半 米 米 6画

米 米 米 米

Reis; Meter 大米；一米

fàn 丿 𠂉 饣 饣 饣 饭 饭 7画

饭 饭 饭 饭

Speise, (gekochter) Reis, Mahlzeit 吃饭、饭店 饣: auf Speise bezogen

hē	丨 ㄇ 口 口丨 口冂 口日 口日 口旦 口曷 喝 喝 喝	12画
喝	喝 喝 喝	
trinken	喝水、喝什么？	口

chá	一 十 艹 艾 苁 苓 苓 茶 茶	9画
茶	茶 茶 茶	
Tee	喝茶、茶水	艹

kuàng	一 丆 丆 石 石 石丶 石亠 矿	8画
矿	矿 矿 矿	
Erz; Mine, Bergwerk	矿泉水(Mineralwasser)	石

quán	′ 亻 白 白 白 白 皁 皂 泉	9画
泉	泉 泉 泉	
Quelle	泉水、矿泉水、温泉	白、水

zhī	丶 丶 氵 氵一 汁	5画
汁	汁 汁 汁	
Saft	果汁	氵

hóng	𠃋 纟 纟 纟一 纩 红	6画
红	红 红 红	
rot	红茶	纟

lǜ 绿 11画
Stroke order: 纟 纟 纟 纟 纟 纟 纾 纾 绿 绿 绿

grün 绿茶 纟

bēi 杯 8画
Stroke order: 一 十 才 木 木 杠 杠 杯

Tasse, Glas, Becher； ZEW für Getränke 木

píng 瓶 10画
Stroke order: 丶 丷 丷 兰 乒 并 并 瓶 瓶 瓶

Flasche； ZEW für Flasche 瓶子； 一瓶 瓦： auf Porzellan bezogen

tiáo 条 7画
Stroke order: 丿 ク 夂 夂 冬 各 条

Streifen； ZEW für längliche Dinge wie Fluss 面条 夂, 木

yǐn 饮 7画
Stroke order: 丿 ⺈ 饣 饣 饣 饮 饮

Getränk 饮水 饣

liào 料 10画
Stroke order: 丶 丷 丷 半 米 米 米 米 米 料

Material 饮料 米: auf Getreide bezogen

一. 听力练习 [tīnglì liànxí] Hörübungen

1. 听录音，选择正确的词 [tīng lùyīn, xuǎnzé zhèngquè de cí]
   – Hören und das Gehörte ankreuzen

常常 ☐	尝尝 ☐	下雨 ☐	夏天 ☐	坐车 ☐	开车 ☐
不坐 ☐	不错 ☐	几点 ☐	七点 ☐	面条 ☐	面包 ☐

2. 听录音，回答问题 [tīng lùyīn, huídá wèntí]
   – Hören und Fragen beantworten
   (1) 安娜想吃什么？
   (2) 丽丽在电影院吗？
   (3) 丽丽不喜欢吃包子，对吗？
   (4) 她们想喝什么？

3. 听录音，填空 [tīng lùyīn, tiánkòng]
   – Hören und Sätze vervollständigen

   (1) 我喜欢吃________________。
   (2) 我这里有________________，还有茶。
   (3) 弟弟喜欢喝__________，也喜欢喝__________。
   (4) 麻婆豆腐好吃吗？ 不错，就是________________。

二. 连一连 [lián yi lián] Was passst zusammen?

饭	hóngchá	essen
吃	yìdiǎnr	ein bisschen
面条	chī	Brot
一点儿	fàn	Nudeln
面包	hē	Schwarztee
喝	miànbāo	Speise
果汁	miàntiáo	Saft
红茶	guǒzhī	trinken

三. 写拼音 [xiě pīnyīn] Wie lautet die Pinyin-Umschrift?

喝：________ 觉：________ 杯：________ 分：________

和：________ 饺：________ 北：________ 份：________

四. 完成下列对话 [wánchéng xiàliè duìhuà] Dialoge vervollständigen

服务员：你们想吃________什么？

李维：我要一________饺子。

丽娜：________好吃吗？

李维：很好________，你________。

丽娜：好，我也要一份饺子，________要一个面包。

五. 组词 [zǔcí] Wörter bilden

喝 (喝水) (喝茶) (喝可乐)

吃 ( ) ( ) ( )

雨 ( ) ( ) ( )

天 ( ) ( ) ( )

太 ( ) ( ) ( )

最 ( ) ( ) ( )

六. 照例子写句子 [zhào lìzi xiě jùzi] Nach dem Beispiel Sätze bilden

例：饺子 包子 → 你吃什么，饺子还是包子？

1. 红茶 绿茶 → ________________________________？
2. 米饭 面条 → ________________________________？

例：中国饭 法国饭 → 你喜欢吃中国饭还是法国饭？

1. 矿水 可乐 → ________________________________？
2. 打篮球 踢足球 → ________________________________？
3. 汉语 英语 → ________________________________？

七. 选择正确的量词填空 [xuǎnzé zhèngquè de liàngcí tiánkòng]

Passende ZEW einsetzen

份　　杯　　些　　个　　瓶

1. 弟弟最喜欢喝可乐，他每天喝三（　　）。
2. 我要一（　　）米饭，一（　　）绿茶。
3. 这里有一（　　）篮球，是你的吗？
4. 他有一（　　）姐姐和一（　　）妹妹。
5. 书包里有一（　　）书和一（　　）矿水。

八. 选词填空 [xuǎn cí tiángkòng]

Passende Wörter einsetzen

要　　想　　刚　　可是　　会

1. 爷爷想______一杯牛奶。
2. Linda______到北京。
3. 小丽不______开车。
4. 我们约好去打球，________小龙没来。
5. 你______滑雪吗？滑雪很有趣。
6. 小龙不______去打篮球，他______睡觉。

九. 写出带有下列偏旁的字 [xiěchū dàiyǒu xiàliè piānpáng de zì]

Zeichen mit gleichen Radikalen schreiben

亻：____________　　纟：____________　　氵：____________

木：____________　　口：____________　　日：____________

12 苹果多少钱一公斤？

Wie viel kostet ein Kilo Äpfel?

写字练习 [xiězì liànxí] Schreibübung

píng	一 十 艹 艹 芏 芏 芏 苹	8画
苹	苹 苹 苹	
Apfel		艹

shǎo	丨 ⺌ 小 少	4画
少	少 少 少	
wenig, gering； fehlen	多少、少见、少有； fehlen	小

qián	丿 𠂉 𠂉 𠂉 钅 钅 钅 钱 钱 钱	10画
钱	钱 钱 钱	
Geld, Münze	有钱、零钱(Kleingeld)	钅

jīn	丿 厂 斤 斤	4画
斤	斤 斤 斤	
Pfund	公斤、斤两(Gewicht)	

kuài	一 十 土 圢 圢 坱 块	7画
块	块 块 块	

ZEW für Stücke, Klumpen — 一块钱 — 土

gòng	一 十 廾 土 共 共	6画
共	共 共 共	

gemeinsam, allgemein — 一共、共生 — 八

gěi	乛 纟 纟 纟 纟 纶 给 给 给	9画
给	给 给 给	

geben — 给钱、给书 — 纟

zhè	丶 亠 亣 文 文 汶 这	7画
这	这 这 这	

der, die, das — 这是、这么(so) — 辶

jiàn	丿 亻 亻 仁 仁 件	6画
件	件 件 件	

ZEW für Kleidungsstücke — 两件、几件 — 亻

fú	丿 刀 月 月 月 肵 服 服	8画
服	服 服 服	

Kleidung — 衣服 — 月

piào	14画
漂	hübsch
漂亮	氵

liang	9画
亮	hell, leuchtend, klar
漂亮、明亮	亠

yuán	4画
元	Geldeinheit
一元钱、美元	一

shì	8画
试	probieren, versuchen
试一试	讠

sè	6画
色	farbig
绿色、白色、多色	刀

duì	5画
对	für; gegenüber; stimmt; Paar
对不起	又

guān 丶 丷 䒑 兰 关 关 6画

关 关 关 关

mit etwas zusammenhängen; schließen 丷

xì 一 丆 幺 幺 㠯 系 系 7画

系 系 系 系

von etw. abhängig sein; System; binden 关系、没关系 丿、糸

huáng 一 十 廾 丗 𦍌 昔 昔 黄 黄 黄 黄 11画

黄 黄 黄 黄

gelb 黄色 龷、八

hòu 一 厂 广 斤 后 后 6画

后 后 后 后

hinter, später, nach 后面 口

chāo 一 十 土 丰 丰 走 走 起 起 超 超 超 12画

超 超 超 超

übertreten, überschreiten 高超 走

shì 丶 亠 广 市 市 5画

市 市 市 市

Markt, Stadt 超市(Supermarkt)、市场 亠

12 苹果多少钱一公斤? Wie viel kostet ein Kilo Äpfel?

jià 价 6画

价 价 价

Preis, Wert — 价钱 — 亻

pián 便 7画

便 便 便

billig — 亻

yí 宜 7画

宜 宜 宜

passend, angenehm — 便宜(preisgünstig) — 宀

máo 毛 11画

ノ 二 三 毛

毛 毛 毛

Währungseinheit; Wolle, Fell — 一毛钱

一. 听力练习 [tīnglì liànxí] Hörübungen

1. 听录音，选择正确的拼音 [tīng lùyīn, xuǎnzé zhèngquè de pīnyīn]

– Hören und das Gehörte ankreuzen

píngguǒ		pínggǒu		gōngjīng		gōngjīn	
duōshǎo jiàn		duōshǎo qián		yīfu		yífu	
piàoliang		piàolang		chāochì		chāoshì	

2. 听录音，填空 [tīng lùyīn, tiánkòng] – Hören und Sätze vervollständigen

小丽：超市里的水果很__________，苹果__________公斤，
香蕉(xiāngjiāo Banane)四块六一公斤。

王芳：是吗，草莓(cǎoméi Erdbeere)____________一公斤？

小丽：也是四块多一公斤。

王芳：我们___________去买点儿吧。

3. 听录音，将内容翻译成德语 [tīng lùyīn, jiāng nèiróng fānyì chéng Déyǔ]
– Hören und Sätze ins Deutsch übersetzen

Frau: ____.

Verkäufer: ____________________________________.

Frau: ____.

Verkäufer: ____________________________________.

Frau: ____.

二. 连一连 [lián yi lián] Was passt zusammen?

要	qián	wie viel
多少	yào	Geld
钱	mǎi	etw. haben wollen
公斤	duōshǎo	kaufen
买	gōngjīn	Kilogramm
一共	yīfu	Kleidung
漂亮	yígòng	hübsch
衣服	piàoliang	insgesamt

三. 数笔画 [shǔ bǐhuà] Aus wie vielen Strichen bestehen diese Zeichen?

给：________ 买：________ 斤：________ 少：________

绿：________ 瓶：________ 公：________ 这：________

四. 写拼音 [xiě pīnyīn] Wie lautet die Pinyin-Umschrift?

衣：________ 水：________ 钱：________ 瓶：________

医：________ 睡：________ 千：________ 苹：________

五. 完成下列对话 [wánchéng xiàliè duìhuà] Dialoge vervollständigen

高树：苹果________钱一公斤？

售货员：________块________一公斤。

高树：我买________公斤。

售货员：一共________块________钱。

高树：________您钱。

售货员：________。

六. 量词填空 [liàngcí tiánkòng] Passende ZEW einsetzen

件 个 瓶 本 只 块 条

三（ ）衣服 四（ ）篮球 一（ ）水

五（ ）书 两（ ）苹果 七（ ）猫

六（ ）朋友 一（ ）狗 一百（ ）钱

七. 翻译 [fānyì] Übersetzen

1. 请给我一本书。 ______

2. 我要这件衣服。 ______

3. 两公斤苹果四块三。 ______

4. Gib mir bitte 2 Flaschen Mineralwasser.

______

5. Deine Kleidung ist schön.

______

6. Wieviel kostet 1 Kilo Äpfel?

______

八. 根据下面的题目写出对话 [gēnjù xiàmiàn de tímù xiěchū duìhuà]

Dialoge zu den angegebenen Themen schreiben

1. 买篮球	2. 买衣服
______	______
______	______
______	______
______	______
______	______
______	______
______	______
______	______

13 我妹妹喜欢黄颜色

Meine Schwester mag gelbe Farbe

写字练习 [xiězì liànxí] Schreibübung

yán	15画
颜	颜 颜 颜
Farbe, Gesichtsausdruck	颜面、颜色;、五颜六色 页

lì	7画
丽	丽 丽 丽
hübsch, schön	美丽 一

nà	9画
娜	娜 娜 娜
weiblicher Namensbestandteil	女

guò	6画
过	过 过 过
vorbeikommen; verbringen	过期、过时;过冬、过生日 辶

sī	5画
丝	丝 丝 丝
Seide, Draht	一

jīn

丨 冂 巾 3画

巾 巾 巾 巾

Tuch 丝巾

zhǔ

丶 亠 亠 丰 主 5画

主 主 主 主

Gastgeber, Eigentürmer 主人 丶

yì

丶 亠 亠 亠 立 产 音 音 音 音 意 意 意 12画

意 意 意 意

Idee, Vorstellung 主意、意见 心

lán

一 十 艹 艹 艹 艹 艹 艹 艹 蓝 蓝 蓝 蓝 13画

蓝 蓝 蓝 蓝

blau 蓝色、蓝天 艹

dìng

丶 丶 宀 宀 宁 宁 定 定 8画

定 定 定 定

gewiss, sicher 一定 宀

gōng

丶 丶 宀 宀 宀 宀 宀 宫 宫 9画

宫 宫 宫 宫

Schloss, Palast 故宫、美泉宫 宀

yù 预 10画

vorher, im Voraus　　预定、预先、预热　　页

bào 报 7画

melden, berichten, Zeitung　　预报、天气预报；日报、晚报　　扌

qíng 晴 12画

klar, heiter　　晴天　　日

yuán 园 7画

Garten, Park　　公园　　囗

huā 花 7画

Blume, Blüte, bunt　　花园、花茶；花丝巾　　艹

fěn 粉 10画

rosa, pink; Pulver, Mehl　　粉色、粉红；面粉、花粉　　米

néng 能 10画

können, fähig sein

能来、可能 厶

yǐ 以 4画

Suffix; nach

可以 (möglich, können); 以上 人

liàng 辆 10画

ZEW für Fahrzeug

一辆车 车

qì 汽 7画

(Wasser)Dampf

汽车、汽水 氵

hēi 黑 12画

schwarz, dunkel

黑色、黑天 灬

jué 觉 9画

fühlen, empfinden

听觉(Gehörsinn)、错觉(Illusion) 见

dé 丿 彳 彳 彳 彳 彳 彳 彳 彳 得 得 11画

得 得 得 得

bekommen 得到；觉得 彳

kù 一 ㄏ 冂 丙 丙 西 西 酉 酉 酉 酉 酉 酷 酷 14画

酷 酷 酷 酷

heftig, äußerst 酷爱(leidenschaftlich lieben)、酷热(brütend heiß) 酉

一. 听力练习 [tīnglì liànxí] Hörübungen

1. 听录音，选择正确的词 [tīng lùyīn, xuǎnzé zhèngquè de cí]
   – Hören und das Gehörte ankreuzen

学生 ☐	生日 ☐	公斤 ☐	丝巾 ☐	自行车 ☐	怎么样 ☐
喜欢 ☐	兴趣 ☐	不热 ☐	不错 ☐	当然 ☐	可是 ☐

2. 听录音，选择正确答案 [tīng lùyīn, xuǎnzé zhèngquè dá'àn]
   – Hören und Sätze vervollständigen

下星期三是 ____________（春节/母亲节/情人节），

王芳准备给妈妈买件 ____________（雨衣/绿茶/大衣）。

这件蓝色的 ____________（很漂亮/不漂亮/不错），

她一定 ____________（喜欢/高兴/不喜欢）。

3. 听录音，将内容翻译成德语 [tīng lùyīn, jiāng nèiróng fānyì chéng Déyǔ]
   – Hören und Sätze ins Deutsch übersetzen

____

____

二. 连一连 [lián yi lián] Was passt zusammen?

颜色	yídìng	Idee
一定	zhǔyi	Farbe
主意	yánsè	blau
蓝色	tiānqì	finden, glauben
预报	lánsè	Wetter
天气	juéde	Park
公园	yùbào	bestimmt
觉得	gōngyuán	Vorhersage

三. 组字注音 [zǔzì zhùyīn] Teile zusammen suchen, Zeichen bilden und Pinyin angeben

彦	讠	辶	艹	米	车	口
人	监	页	寸	元	分	两
认 rèn						

四. 选词填空 [xuǎn cí tiángkòng] Passende Wörter einsetzen

一定　觉得　能　可以

1. 这条丝巾她________喜欢。
2. 妈妈________这件大衣很漂亮。
3. 我________再要一份米饭吗？当然________。
4. 我准备给她买一条丝巾，你________怎么样？
5. 我觉得她________会来。

五. 照例子写句子 [zhào lìzi xiě jùzi]
Nach dem Beispiel Sätze bilden

例：这条蓝色的很漂亮。（黄色的） → 那条黄色的也不错。

1. 这辆黑色的汽车很酷。 （白色的）

→ ______________________________。

2. 我觉得绿茶很好喝。 （红茶）

→ ______________________________。

3. 中国饭很好吃。 （法国饭）

→ ______________________________。

4. 这家超市东西很多。 （那家）

→ ______________________________。

例：星期六 下雨 → 星期六不下雨吗？

5. 星期三 上汉语课 → ______________________________

6. 下午四点 打排球 → ______________________________

7. 明年 去法国 → ______________________________

8. 那辆车 是黑色的 → ______________________________

9. 他女朋友 喜欢蓝色 → ______________________________

橡皮在我的文具盒里

Radiergummi ist in meinem Federpenal

14

写字练习 [xiězì liànxí] Schreibübung

xiàng
一 十 才 木 木' 朩' 朩' 朩' 朩' 朩' 朩' 朩' 朩' 朩' 橡 — 15画

橡 橡 橡 橡

Kautschukbaum, Eiche — 橡木 木

pí
一 厂 广 皮 皮 — 5画

皮 皮 皮 皮

Haut — 橡皮(Radiergummi)、皮包、皮衣

wén
丶 亠 亣 文 — 4画

文 文 文 文

Schrift; Kultur — 文字、文件

jù
丨 冂 冃 月 目 且 具 具 — 8画

具 具 具 具

Gerät, Werkzeug — 文具 (Schreibwaren)、玩具(Spielzeug)、工具 八

14 橡皮在我的文具盒里 Radiergummi ist in meinem Federpenal

hé 丿 人 亼 亼 合 合 合 盒 盒 盒 盒 11画

盒 盒 盒 盒

Dose, Schachtel 盒子、文具盒 皿

lǐ 丨 冂 日 日 甲 甲 里 7画

里 里 里 里

innen; chin. Meile = 500m 里面、公园里

yòng 丿 冂 月 月 用 5画

用 用 用 用

klar, heiter 用手、用人 冂

bǐ 丿 𠂉 𥫗 𥫗 𥫗 𥫗 竺 竺 笁 笔 10画

笔 笔 笔 笔

Schreibgerät 粉笔 (Kreide) 竹

zhuō 丨 ⺊ ⺊ 卢 卢 卢 卓 卓 桌 桌 10画

桌 桌 桌 桌

Tisch 桌子、书桌 木

yǐ 一 十 才 木 木 杧 杧 柎 柎 椅 椅 椅 12画

椅 椅 椅 椅

Stuhl 椅子、桌椅 木

liàn 练 8画

丿 𠃋 纟 纟 纟 练 练 练

练 练 练 练

üben, trainieren

练习、练笔 纟

xí 习 3画

𠃌 习 习

习 习 习 习

üben; Gewohnheit

练习

běn 本 5画

一 十 才 木 本

本 本 本 本

Buch; ZEW für Bücher

本子、书本；三本书

gāng 钢 9画

丿 𠂉 𠂉 ㇐ 钅 钅 钔 钢 钢

钢 钢 钢 钢

Stahl

钢笔(Füller) 钅

qiān 铅 10画

丿 𠂉 𠂉 ㇐ 钅 钅 钅 钅 铅 铅

铅 铅 铅 铅

Blei

铅笔(Bleistift) 钅

yuán 圆 10画

丨 冂 冂 冂 冂 冂 冂 圆 圆 圆

圆 圆 圆 圆

rund, kreisförmig

圆月、圆美 囗

zhū 珠 10画

Perle, Kügelchen

珠子、圆珠笔 王

chǐ 尺 7画

Lineal; chin. Maßeinheit = 1/3 Meter;

尺子

nǎo 脑 10画

Hirn

电脑 月

zhāng 张 7画

ZEW für Flaches; öffnen, aufmachen

一张桌子；张口 弓

bǎ 把 7画

ZEW für Bündel, Gegenständen mit Griff

扌

bān 班 10画

Klasse, Gruppe

学习班 王

tái	㇀ ㄥ 亼 台 台	10画
台	台 台 台	

ZEW für Maschine; Bühne, Tisch; Plattform, Terrasse 一台电脑；台桌 厶、口

zá	丿 九 九 杂 杂 杂	6画
杂	杂 杂 杂	

vermischt, sonstige 杂色、杂音 木

zhì	一 十 士 志 志 志 志	7画
志	志 志 志	

Annalen; Bestreben, Ambition 杂志（Zeitschrift） 心

diǎn	丨 冂 冂 冃 曲 曲 典 典	8画
典	典 典 典	

Nachschlagewerk 字典 八

zhī	一 十 支 支	12画
支	支 支 支	

ZEW für Stifte; Zweige 一支笔 十、又

一. 听力练习 [tīnglì liànxí] Hörübungen

1. 听录音，写出所听词的拼音 [tīng lùyīn, xiěchū suǒ tīng cí de pīnyīn]
   – Hören und das Gehörte (Pinyin) aufschreiben

__________ __________ __________ __________

2. 听录音，回答问题 [tīng lùyīn, huídá wèntí]
– Hören und Sätze vervollständigen

（1）这是谁的书包？ （王芳/李维/丽娜）

（2）书包里有什么？ （书/饭盒/矿泉水/本子/可乐/文具盒）

（3）文具盒里有什么？ （铅笔/橡皮/毛笔/画笔）

3. 听录音，选择正确图案 [tīng lùyīn, xuǎnzhé zhèngquè tú'àn]
– Hören und passende Bilder auswählen

二. 照例子写句子 [zhào lìzi xiě jùzi] Nach dem Beispiel Sätze bilden

例：书包里有书、本子和文具盒。→书包里有书、本子，还有文具盒。

1. 文具盒里有笔、尺子和橡皮。

→______________________________。

2. 超市里有苹果、矿泉水和衣服。

→______________________________。

3. 我这里有茶、矿泉水、果汁和可口可乐。

→______________________________。

三. 量词填空 [liàngcí tiánkòng] Passende ZEW einsetzen

只 支 条 个 本 份 瓶 块 辆 把 张

两______车	两______米饭	四______文具盒
三______狗	一______丝巾	六______矿泉水
七______书	四______桌子	五______尺子
三______笔	六______椅子	五______橡皮

四. 看图写句子 [kàn tú xiě jùzi] Nach dem Beispiel das Bild Beschreiben

例：书店前面有超市。

________________________。

________________________。

________________________。

________________________。

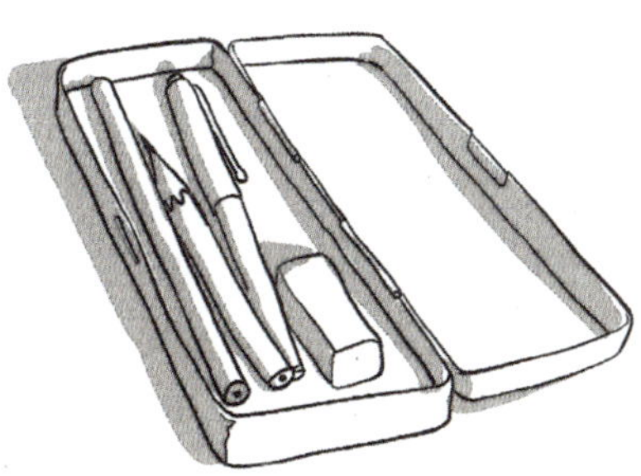

________________________。

15 假期你去哪儿？

Wohin fährst du in den Ferien?

写字练习 [xiězì liànxí] Schreibübung

jiǎ 11画

假 假 假 假

Urlaub — 度假、请假、假期 — 亻

bó 9画

柏 柏 柏 柏

Zeichen für Eigennamen — 木

lín 8画

林 林 林 林

Wald — 园林、林子 — 木

wán 8画

玩 玩 玩 玩

spielen — 王

tàng 15画

趟

ZEW für Ortswechsel 去一趟 走

suàn 14画

算

rechnen, planen 打算 ⺮

cān 8画

参

mitmachen, teilnehmen； besuchen 参观 厶、彡

jiā 5画

加

dazugeben, addieren 参加、加大 力、口

lìng 5画

令

Saison; Erlass, Befehl, Order 夏令时间(Sommerzeit) 人

yíng 11画

营

Lager, Feldquartier, nach etwas streben 夏令营 艹

guān	6画
观	观 观 观
anschauen, betrachten	观看、参观 又

gù	9画
故	故 故 故
ehemalig, früher, Vorfall, Grund (Ursache)	故宫、故国、故人 攵

cháng	4画
长	长 长 长
lang, weit	很长 丿

chéng	9画
城	城 城 城
(Stadt)Mauer	长城、城里 土

sī	9画
思	思 思 思
überlegen, nachdenken	思想、意思 心

yú	12画
愉	愉 愉 愉
gut gelaunt, fröhlich	愉快 忄

dù 丶 亠 广 广 庐 庐 庐 度 度 9画

度 度 度 度

verbringen; Ausmaß, Stärke 度过、度日；温度 广

hǎi 丶 丶 氵 氵 汇 汇 海 海 海 海 10画

海 海 海 海

Meer, Ozean 大海、海水 氵

biān 刀 力 力 边 边 5画

边 边 边 边

Seite, Rand 海边、边区 辶

bǐ 一 ヒ ヒ 比 4画

比 比 比 比

vergleichen 比一比 匕

rú 乚 女 女 如 如 如 6画

如 如 如 如

wie； falls 如上、比如、如常；如果 女

ruì 一 二 干 王 王 ⺩ ⺩ ⺩ ⺩ 玙 瑞 瑞 瑞 13画

瑞 瑞 瑞 瑞

Glück bringend, segenreich 王

shān 丨 山 山 3画

山 山 山 山

Berg, Gebirge 山区、山水

guāng 6画

光 光 光 光

Licht, Glanz; Landschaft 日光、月光；风光

pà 8画

怕 怕 怕 怕

Angst haben 怕水 忄

ya 7画

呀 呀 呀 呀

Interjektion bei Überraschung 口

ōu 8画

欧 欧 欧 欧

Europa 北欧、欧元 欠

liáng 10画

凉 凉 凉 凉

kühl, frisch 凉快、凉水 冫

zhōu	9画
洲	
Erdteil, Kontinent	欧洲、美洲 氵

xiē	8画
些	
einige(s)	有些、一些 匕

lìng	5画
另	
andere, besondere	另一些 口

lǚ	10画
旅	
reisen	旅客、旅店 方

yóu	12画
游	
reisen, schwimmen	旅游、游玩 氵

pá	8画
爬	
krabbeln, klettern	爬山、爬高 爪

15 假期你去哪儿？ Wohin fährst du in den Ferien?

一. 听力练习 [tīnglì liànxí] Hörübungen

1. 听录音，选择正确的词 [tīng lùyīn, xuǎnzé zhèngquè de cí]
 – Hören und das Gehörte einkreuzen

打球 ☐	打算 ☐	度假 ☐	旅游 ☐	公园 ☐	海边 ☐
风光 ☐	刮风 ☐	便宜 ☐	准备 ☐	凉快 ☐	很快 ☐

2. 听录音，判断对错 [tīng lùyīn, pànduàn duìcuò]
 – Hören und als richtig oder falsch ankreuzen

	对	错
（1）汉斯准备去土耳其度假。	（ ）	（ ）
（2）马丁打算去度假两个星期。	（ ）	（ ）
（3）马丁八月份去度假。	（ ）	（ ）

3. 听录音，回答问题 [tīng lùyīn, huídá wèntí] – Hören und Fragen beantworten

（1）丽丽准备去哪里？ ________________

（2）夏令营是在几月？ ________________

（3）她们去英国学什么？ ________________

（4）她们还有游览哪里？ ________________

（5）男孩祝她们什么？ ________________

二. 看图写句子 [kàn tú xiě jùzi] Dem Bild entsprenchend einen Satz schreiben

马克在哪儿度假？

________________。

________________。

林纳有什么打算？

______________________________。 ______________________________。

三. 连词组句 [liáncí zǔjù] Satzteile in die richtige Reihenfolge bringen

1. 大卫 约好 度假 我 一起 和

______________________________。

2. 准备 李维 去 瑞士 玩儿

______________________________。

3. 打算 夏天 李老师 度假 维也纳 去

______________________________。

4. 送 丝巾 一条 我 妹妹

______________________________。

四. 选择正确的答案 [xuǎnzhé zhèngquè de dá'àn] Welche Antwort ist richtig?

1. 夏天，王芳准备去哪儿度假？
   (　　)A. 她准备去意大利度假。
   (　　)B. 她准备七月份度假。

2. 你要喝点儿什么？
   (　　)A. 我喜欢吃面条。
   (　　)B. 我要一瓶矿水。

3. 他们打算看什么电影？
   (　　)A. 他们准备看《加勒比海盗》。
   (　　)B. 电影《中国功夫》很好看。

4. 暑假里，我们要去柏林玩几天，你也去吗？
   (　　)A. 我打算去海边度假。
   (　　)B. 不了，我准备二月份再去柏林。

Anhang

听力练习文本 [tīnglì liànxí wénběn] Texte zu den Hörübungen

Lektion 1 (Seite 5)

- 你好，我叫王芳。
- 你好，我叫李维。
- 很高兴认识你。

Lektion 2 (Seite 11)

1. 名字　多大　小龙　十六岁
2. 他叫什么名字？他叫小龙。他多大？他十六岁。

Lektion 3 (Seite 18)

1. 朋友　大卫　奥地利　汉语
2. 大卫是我的朋友。他是奥地利人。他学汉语。

Lektion 4 (Seite 24)

2./3. 今天是六月十一日，星期天，不上课。今天是小龙的生日，他很高兴。

Lektion 5 (Seite 32)

1.　医生　老师　学生　都是　我家

2./3.
- 马丁，你家有几口人？
- 我家有四口人。我爸爸和妈妈都是医生。我还有一个哥哥。
- 你哥哥也是医生吗？
- 不，他是汉语老师，他有很多学生。
- 你哥哥多大？
- 他今年二十九岁。

4.
（1）他是我的弟弟。
（2）她是李维的妹妹。
（3）他是我的德国朋友。
（4）她是我的英国老师。

Lektion 6 (Seite 42)

1.　喜欢　读书　运动　可爱　电视

2./3. 王芳喜欢听音乐，她爱听麦克·杰克逊的歌。李维喜欢运动，他喜欢打篮球和踢足球。马兰爱读书，她喜欢读韩语书。

Lektion 7 (Seite 49)

1.　请问　现在　几点　不客气

2./3. 大海喜欢运动，他早上六点一刻起床跑步，下午三点半打篮球，晚上七点三刻打排球。林纳喜欢读书和写字。她上午九点读汉语，下午一点四十读德语，四点半写汉字。小龙的猫喜欢睡觉，它白天和晚上都在睡觉。

Lektion 8 (Seite 57–58)

1. 今晚　电影　不错　一起　商店　水果；

2./3. 马克：我的中国朋友林纳明天到维也纳。我准备到机场接她。
大卫：你开车去吗？
马克：不，我坐地铁去。
大卫：林纳说德语吗？
马克：她正在学。大卫，你和我一起去吗？
大卫：好吧，我去认识一下她。

Lektion 9 (Seite 66)

1. 明天　天气　刮风　夏天　有趣　滑雪
2. 奥地利的冬天很冷。春天、夏天不错，不冷也不热。
3. 马丁：北京的天气怎么样？
王芳：冬天冷，夏天热。马丁，你喜欢冬天吗？
马丁：不喜欢，冬天太冷了，我喜欢夏天。
王芳：可是冬天滑雪很有趣。你喜欢滑雪吗？
马丁：我不会滑雪。

Lektion 10 (Seite 72–73)

1. 住在　酒店　电话　号码；
2. 李维：马克，你现在住哪儿？
马克：我住在维也纳大酒店，七层717 房间。
李维：你的电话号码是多少？
马克：82537066。
3. 学生：请问，王老师在办公室吗？
老师：她不在，她正在给学生上课。
学生：她下午有课吗？
老师：她下午没有课。
学生：好，我下午给她打电话。谢谢！
老师：不客气。

Lektion 11 (Seite 81)

1. 尝尝　下雨　开车　不错　几点　面条；
2. 服务员：你们吃点什么？
安娜：我要一份麻婆豆腐，一碗米饭。丽丽，你呢？
丽丽：我要一份包子，一碗面条。
服务员：你们喝点什么？
安娜：请给我们一瓶红酒。谢谢！
3. （1）你喜欢吃面包还是面条？　我喜欢吃面包。

(2) 我这里有矿水、果汁，还有茶。
(3) 我弟弟喜欢喝可乐，也喜欢喝茶。
(4) 麻婆豆腐好吃吗？　不错，就是有点儿辣。

Lektion 12 (Seite 88–89)

1. 苹果　公斤　多少钱　衣服　漂亮　超市；
2. 小丽：超市里的水果很便宜，苹果三块二一公斤，香蕉四块六一公斤。
   王芳：是吗，草莓多少钱一公斤？
   小丽：也是四块多一公斤。
   王芳：我们一起去买点儿吧。
3. 女士：这件衣服很漂亮，多少钱一件？
   售货员：四百三十块。
   女士：不便宜呀！那件红色的多少钱？
   售货员：三百二十块一件。您试试！
   女士：不错，我买一件。

Lektion 13 (Seite 96)

1. 生日　丝巾　怎么样　喜欢　不错　当然；
2. 下星期三是母亲节，我准备给妈妈买件大衣。这件蓝色的怎么样？很漂亮，她一定喜欢。
3. Anna 有很多条丝巾，红的、黄的、绿色、蓝的。她还想买一条橙色的，因为她现在最喜欢橙色。

Lektion 14 (Seite 103–104)

1. 书包　铅笔　橡皮　文具盒；
2. 这是李维的书包。书包里有书、本子，还有文具盒。文具盒里有圆珠笔、铅笔、橡皮和尺子。
3. 房间里有五张桌子、七把椅子。橡皮不在文具盒里，在椅子下面。杂志在电脑后面，衣服在椅子上。

Lektion 15 (Seite 112)

1. 打算　度假　海边　风光　准备　凉快；
2. 马丁：汉斯，你准备去哪儿度假？
   汉斯：我准备去意大利海边度假两星期。你呢？
   马丁：我八月份去土耳其一个星期。
3. 王芳：我和丽丽打算七月参加英国夏令营。
   李维：你们去学英语吗？
   王芳：对，还要游览伦敦。
   李维：那一定很有意思。祝你们玩得愉快！